몸도 마음도 톡톡!
항상 행복하시길
바랍니다!

단 거는
쪼끔만
먹어용~

헤헤

우리는 후라이족
초밀착 관찰 일지

스티커북

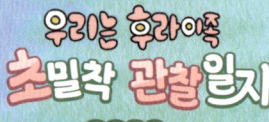

초판 1쇄 인쇄 2025년 1월 23일
초판 1쇄 발행 2025년 2월 14일

원작 켄타

펴낸이 김선식
펴낸곳 다산북스

부사장 김은영
어린이사업부총괄이사 이유남
책임편집 조현진 디자인 강민영 책임마케터 안호성
어린이콘텐츠사업5팀장 이현정 어린이콘텐츠사업5팀 조문경 마정훈 조현진 강민영
어린이마케팅본부장 최민용
어린이마케팅1팀 안호성 김희연 이예주 어린이마케팅2팀 최다은 신지수 심가윤
미디어홍보본부장 정명찬
편집관리팀 조세현 김호주 백설희 저작권팀 성민경 이슬 윤제희 기획마케팅팀 류승은 박상준
재무관리팀 하미선 임혜정 이슬기 김주영 오지수
인사총무팀 강미숙 이정환 김혜진 황종원
제작관리팀 이소현 김소영 김진경 최완규 이지우
물류관리팀 김형기 김선진 주정훈 양문현 채원석 박재연 이준희 이민운

출판등록 2005년 12월 23일 제313-2005-00277호
주소 경기도 파주시 회동길 490 전화 02-704-1724 팩스 02-703-2219
다산어린이 카페 cafe.naver.com/dasankids 다산어린이 블로그 blog.naver.com/stdasan
용지 스마일몬스터 스티커 ㈜한올피앤피 코팅 및 후가공 평창피앤피 인쇄 및 제본 상지사

ISBN 979-11-306-6294-7 13650

+ 책값은 뒤표지에 표시돼 있습니다.
+ 파본은 본사와 구입하신 서점에서 교환해 드립니다.
+ 이 책은 저작권법에 의하여 보호를 받는 저작물이므로 무단 전재와 복제를 금합니다.

NAVER WEBTOON ©2024. 켄타 ALL RIGHTS RESERVED.
본 제품은 네이버웹툰과의 정식 저작권 계약에 의해 사용, 제작되므로 무단 복제시 법의 처벌을 받게 됩니다.

우리는 후라이족

건강 문제로 요상한 시골집에 내려온 호준이네.
그런데 이 집, 어딘가 수상하다!

호준이를 반기는 기묘한 개구리 동상,
집에 도깨비가 산다는 소문,
액자에서 들리는 '우갸갸' 소리,
밤마다 하나씩 사라지는 사탕까지….

범인은 후라이 액자 뒤에 사는 **후라이족!**
파란 눈, 부드러운 털, 풍성한 꼬리, 노란 배 무늬,
주둥이를 뗐다 붙였다 할 수 있는 신기한 동물이다.

세상에 하나밖에 없는 후라이족을 밀착 취재한,
하나뿐인 후라이족 관찰 일지를 훔쳐 보자.

후라이족

족제빗과의 포유류

- ☑ 키 30~35cm
- ☑ 몸무게 2~2.5kg
- ☑ 좋아하는 것 사탕, 설탕
- ☑ 수명 400~500년
- ☑ 특징 계란 후라이 같은 생김새

이호준

- ☑ 나이 12살
- ☑ 좋아하는 것 후라이족
- ☑ 싫어하는 것 동물 괴롭히는 사람

오 여사*
호준이를 끔찍이 아끼는 엄마.
용감하고 정의롭다.

아빠*
상상력이 풍부한 웹툰 작가.
털북숭이를 좋아한다.

성냥이*
후라이족에게 꼭 필요한 친구.
버섯을 먹고 재생된다.

우갸로*
과자를 좋아하는 대형 애벌레.
핵 실험으로 괴생명체가
되었다.

관찰자 ☆ 이호준

오늘의 관찰 제목

✸ 후라이 액자 속 비밀 ✸

후라이족은 내 방 액자 뒤에 몰래 산다. 후라이족을 처음 봤을 때 나는 바로 사랑에 빠졌다. 복슬복슬한 털, 노란 배 무늬, 앙증맞은 귀. 누구나 후라이족을 보면 사랑에 빠질 것이다!

후라이 액자

계란 후라이?

나   엄마

관찰자 ☆ 이호준

오늘의 관찰 제목

✵ **날아라! 후라이족!** ✵

후라이족은 하늘을 날 수 있다. 사람들에게 들키면 큰일이 나기 때문에 주로 밤에 난다. 어느 날 밤하늘을 올려다보다가 계란 후라이가 둥둥 떠가는 걸 볼지도?

땅에선 매우 느림

하늘을 나는 계란 후라이?

하늘에선 엄청 빠름

관찰자 ☆ 이호준

오늘의 관찰 제목

✳ **지단, 지미, 푸딩, 마리 대원!** ✳

후라이족은 이름도 너무 귀엽다. 앙버터 바게트 지단, 커스터드 크림 푸딩, 팥가득 시루떡 지미, 후루룩 국수 마리.

아, 정말 귀엽다!

이름 듣고 빵 터짐
ㅎㅎㅎ

혼자 진지한
에그 대장

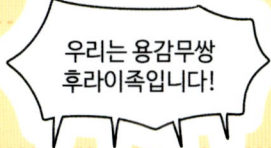

오늘의 관찰 제목

✴ 후라이족 MBTI ✴

내 생각에 후라이족은 F가 틀림없다. 기쁨, 슬픔, 실망, 당황 등 모든 감정에 충실하고 자기 마음을 솔직하게 표현한다. 후라이족으로 살면 심심할 일은 없을 것 같다!

후라이족은 간지럼도 잘 탄다

관찰자 ☆ 이호준

관찰자 ☆ 이호준

오늘의 관찰 제목

✺ 뜨끈뜨끈 노곤노곤 ✺

후라이족은 깨끗한 털북숭이다. 목욕을 아주 좋아한다. 뜨끈뜨끈한 물에 몸을 담그면 고롱고롱 소리를 내며 꾸벅꾸벅 잠든다. 너무 너무 사랑스럽다!

오늘의 관찰 제목

✱ 에그 대장님은 용맹해! ✱

에그 대장님은 엄청 멋져! 우리 후라이족의 안전을 위해 위험을 무릅쓰고 언제나 앞장서시지. 나도 에그 대장님처럼 멋진 후라이가 될 수 있을까?

관찰자 ☆ 앙버터 바게트 지단

우리 대원들

에그 대장님

오늘의 관찰 제목

✳ **에그 대장님은 엄격해** ✳

대장님은 인간의 음식에 절대 손대지 말라고 했다. 나는 설탕과 지렁이가 물물 교환이라고 생각했다. 크흥흥. 에그 대장님 죄송해요!

관찰자 ☆ 팥가득 시루떡 지미

제가 방법을 찾아 보도록 하겠습니다

따뜻한 에그 대장님

눈물 콧물 쏙 뺀 나

관찰자 ☆ 이호준

오늘의 관찰 제목

✷ 조랭! 조랭! ✷

후라이족의 비밀 두 번째, 조랭이떡 탈부착 가능!

무려 이 조랭이떡은 분리 세탁도 되고, 치유 효과에 어둠을 밝히는 조명 기능까지 있다. 엄청 신기하다.

네! 조랭이떡이요!

우리의 조랭이떡이요!

이렇게 뗐다 붙였다 할 수 있다

고양이는 탈부착 불가능!

오늘의 관찰 제목

✳ **버섯 캐고 춤춰!** ✳

계란 후라이같이 생긴 하얀 부엉이들을 봤다. 부엉이가 버섯을 캐는 것도 신기한데, 갖고 놀기까지 했다. 게다가 "사탕~ 사탕이 좋아! 호롤롤롱~" 하며 춤까지 췄다!

관찰자 ☆ 봉구 할아버지

부엉이들 발견!!

사탕 노래를 부르는 부엉이들

관찰자 ☆ 후라이족 일동

오늘의 관찰 제목

✱ 후라이족은 호준이를 좋아해♡ ✱

호주니는 우리가 무슨 행동을 하든 얼굴 가득 미소를 띠고 바라본다. 호주니랑 있으면 참 편안하다. 우리 후라이족은 호주니가 참 좋다!

푹신푹신한 호주니 침대

킥보드도 잘 타는 호주니

오늘의 관찰 제목

✷ 고양이와 성냥이는 같은 냥냥이야! ✷

내가 태어나서 처음 본 고양이인 누룽지 씨는 덩치가 크고 푹신푹신했다. 나를 핥는 누룽지 씨의 혀는 까칠까칠했지만 좋았다. 고양이는 최고다!

관찰자 ☆ 성냥 대장

구조 당시 누룽지 씨

오늘의 관찰 제목

✳ **후라이족과 성냥이** ✳

후라이족과 성냥이는 아주 역사 깊고 끈끈한 관계야.

가끔 의견이 다를 때도 있지만, 우리는 언제나 함께하지!

관찰자 ☆ 성냥이들

후라이족과 운명을 같이하는 성냥이

관찰자 ☆ 에그 대장

오늘의 관찰 제목

✴ 우갸로 버스에 탑승! ✴

과자랑 빵을 좋아하는 우리 우갸로. 항상 건강해야 해. 내가 반드시 우갸로를 자유롭게 해 줄게!

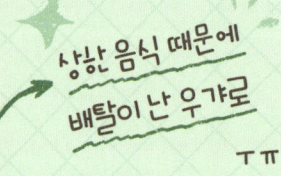

상한 음식 때문에 배탈이 난 우갸로 ㅜㅠ

관찰자 ☆ 이호준

오늘의 관찰 제목

✸ **사과 같은 후라이 얼굴** ✸

북슝북슝 털북슝! 옛날부터 귀여운 건 크게 봐야 한다고 했어. 동그란 얼굴과 귀, 빠져들 듯한 파란 눈, 귀여운 조랭이떡까지. 마음껏 감상해야지.

사탕 먹는 에그 대장, 동글동글!

먹는 소리도 너무 귀엽다!

관찰자 ☆ 후라이족 일동

오늘의 관찰 제목

✳ 뭐니 뭐니 해도 계란 후라이 ✳

케이크, 도넛, 푸딩, 멜론, 바게트… 세상에는 맛있는 게 참 많아! 하지만 그중 제일은 계란 후라이와 사탕 아니겠어?

관찰자 ☆ 이호준

오늘의 관찰 제목

✸ **후라이족, 이름을 기억해!** ✸

지미, 푸딩, 지단, 마리, 에그. 나는 후라이족의 이름을 절대 잊지 않을 거야. 나랑 같이 소중한 이름을 쓰고 간직해 보자!

안녕하세요! 저는 후라이족의 대장 에그!

아 안녕하세요! 저는 계란찜의 지미!

풀네임은 땅콩 버터 스프레드 에그 입니다!

풀네임은 팥가득 시루떡 지미입니다!

풀 네임까지 외우고 싶지만 너무 길다...

오늘의 관찰 제목

✹ 후라이족 긍정 어록 ✹

우리는 후라이족! 몸집도 작고, 힘도 세지 않지만 누구보다 용기 있고 멋지지. 함께라면 뭐든 할 수 있어!

관찰자 ☆ 후라이족 일동

후라이족 파이팅!

후라이족 밀착 취재

좋아하는 것
말린 지렁이
설탕, 사탕 등 단 것
호주니 ♥

 **조랭이떡**
탈부착 가능
엑기스 추출
조명 기능

왕포동이
왕포동이 아니라고
하지만 맞음

풍성한 꼬리
볼 터치 같은
연분홍색

짧은 팔다리
앙증맞음

배 주머니
계란 후라이?

황금 조랭이
에그 대장만
착용 가능
* 특별한 기능이 있음!!

호준이 밀착 취재

소속
동화 초등학교 5학년

단발머리
여자라고 자주 오해 받음
자연 갈색

성격
용감함
똑부러짐
정의로움

* 오 여사를 많이 닮은듯

곰토토 팬
굿즈 부자
털북숭이 사랑함

특이 사항
천식이 있지만
동화 마을에 오고
많이 좋아졌음

친한 친구

구봉이   봉구

성냥 대장 밀착 취재

불타는 머리
착화 시 고통 없음
다 타면 재가 되어 떨어짐

후라이족의
영원한 친구!

특이 사항 1
땅속에서
번식함

오랫동안 착화하지
못하면 이끼가 자람

특이 사항 2
버섯을 먹으면
머리통이 재생됨

특이 사항 3
같은 '냥'이라며
고양이와 친밀감을 느낌

우갸로 밀착 취재

특이 사항 1
애벌레지만
과자가 주식

특이 사항 2
주기적으로
목욕하고
햇빛을 봐야 함

"우갸~!"

핵 실험으로 인해
괴생명체가 되었음

특이 사항 3
아프고 난 다음에
몸이 커짐

*이유는 아직 밝혀지지
않았음

우갸로 버스
후라이족을 태우고 다님

보송보송한
후라이족과 나 ♥
2024.7.11

우리에게 주어진 하루를
행복하고 기쁘게 보내자!
후라이족이 그러는 것처럼.

- 호준이가